BEI GRIN MACHT SICH IHR WISSEN BEZAHLT

AF167125

- Wir veröffentlichen Ihre Hausarbeit,
  Bachelor- und Masterarbeit

- Ihr eigenes eBook und Buch -
  weltweit in allen wichtigen Shops

- Verdienen Sie an jedem Verkauf

Jetzt bei www.GRIN.com hochladen und kostenlos publizieren

Planung eines Ausdauertrainings im Mesozyklus

Bibliografische Information der Deutschen Nationalbibliothek:

Die Deutsche Nationalbibliothek verzeichnet diese Publikation in der Deutschen Nationalbibliografie; detaillierte bibliografische Daten sind im Internet über http://dnb.d-nb.de abrufbar.

ISBN: 9783346697691
Dieses Buch ist auch als E-Book erhältlich.

© GRIN Publishing GmbH
Nymphenburger Straße 86
80636 München

Druck und Bindung: Books on Demand GmbH, Norderstedt Germany
Gedruckt auf säurefreiem Papier aus verantwortungsvollen Quellen

Das vorliegende Werk wurde sorgfältig erarbeitet. Dennoch übernehmen Autoren und Verlag für die Richtigkeit von Angaben, Hinweisen, Links und Ratschlägen sowie eventuelle Druckfehler keine Haftung.

Das Buch bei GRIN: https://www.grin.com/document/1256941

Deutsche Hochschule für
Prävention und Gesundheitsmanagement
Hermann Neuberger Sportschule 3
66123 Saarbrücken

Einsendeaufgabe

Fachmodul:	Trainingslehre 2
Studiengang:	Fitnessökonomie
Datum Präsenzphase:	18.01.2020 – 20.01.2020
Studienort:	**Stuttgart**
Semester:	**WS 2019/2020**

Inhaltsverzeichnis

1 Diagnose

Als Erstes steht bei dem Fünf-Stufen-Modell die Diagnose. Um die Person besser einschätzen zu können, wird ein Eingangsgespräch geführt, bei dem möglichst viele Daten erhoben werden sollen.

1.1 Allgemeine und Biometrische Daten

Tab. 1 Allgemeine und biometrische Daten der Person

Alter	36 Jahre
Geschlecht	Weiblich
Körpergröße	1,63m
Körpergewicht	76kg
Trainingsmotivation	- Möchte abnehmen, dass die alten Hosen wieder passen - Möchte sich nicht mehr so schnell ausgepowert fühlen
Berufliche Tätigkeit	Steuerberaterin im Home-Office
Aktuelle sportliche Aktivität	Keine
Frühere sportliche Aktivität	- Handballtraining (Bezirksliga), 2x die Woche für 1,5 Stunden. - Schwimmen, 1x die Woche für 45 Minuten
Zeitlicher Verfügungsrahmen	3x die Woche zwischen 30 Minuten und 90 Minuten pro Einheit
Blutdruck	136/88 mmHg
Ruhepuls	75 Schläge pro Minute
Daten zum allgemeinen Gesundheitszustand	- Orthopädische Probleme: keine - Internistische Probleme: keine - Ärztliche Behandlung: keine - Einnahme von Medikamenten: aktuell keine - Sonstige Gesundheitliche Einschränkungen: keine

Tab. 2 Blutdruckklassifikation der American Heart Association (modifiziert nach Mancia et al., 2013, S. 1286)

Bewertungsstufen	Systolischer Blutdruck	Diastolischer Blutdruck
Normalblutdruck (Normotonie)		
Optimal	unter 120 mmHg	unter 80 mmHg
Normal	unter 130 mmHg	unter 85 mmHg
Hochnormal	130 – 139 mmHg	85 – 89 mmHg
Bluthochdruck (arterielle Hypertonie)		
Stufe 1	140 – 159 mmHg	90 – 99 mmHg
Stufe 2	160 – 179 mmHg	100 – 109 mmHg
Stufe 3	>180 mmHg	>110 mmHg

Anhand der Tabellen 1 und 2 kann man nun die abgebildeten Werte bewerten und diese einordnen, um sie dementsprechend in die Trainingsplanung einfließen zu lassen. Wie man aus den voran angeführten Tabellen entnehmen kann, liegt die Person mit einem

Blutdruck von 136/88 mmHg im hochnormalen Bereich. Der normale Bereich wäre bei <120 mmHg zu <80 mmHg. Mit einem Ruhepuls von 75 Schlägen pro Minute (S/min) liegt sie im Normalbereich, welcher zwischen 60 und 80 Schlägen pro Minute liegt (Weineck 2003, S.50).

1.2 Leistungsdiagnostik/Ausdauertestung

Als Basis für die Planung des Makro- wie auch für den Mesozyklus, dient die Leistungs-diagnostik. Somit ist diese auch der Referenzwert, um später einen Vergleich zur Lei-tungsentwicklung ziehen zu können. Im Rahmen der Leistungsdiagnose wird ein Aus-dauertest auf dem Fahrradergometer durchgeführt. Der Test muss unter standardisierten Bedingungen stattfinden, damit die wissenschaftlichen Normwerte herangezogen werden können. Zuerst wird das Testverfahren festgelegt. Für die Person wird in diesem Fall der IPN-Test mit dem Belastungsschema der WHO gewählt.

1.2.1 Begründung der Testauswahl

Um ein individuelles Testprofil auswählen zu können, wurde eine Voreinstufung der Per-son, hinsichtlich der Belastbarkeit, vorgenommen. Mit dem Alter und der Ruheherzfre-quenz wurde eine individuelle Zielherzfrequenz von 140 S/min für die Person festgelegt (IPN, 2004, S.4). Dieser Wert wird auch als Abbruchskriterium des Tests gesetzt. Damit eine Veränderung vom aeroben zum aeroben-anaeroben Übergangsbereich erreicht wer-den kann, sollte der Wert nicht von der Person überschritten werden. Das Belastungs-schema der WHO wurde ausgewählt, da die Person momentan keinerlei sportliche Akti-vität aufweist. Da das Schema eine geringe Eingangsbelastung sowie eine kleine Belas-tungssteigerung bietet, ist es sehr gut dafür geeignet. Denn somit kann man gewährleisten, dass die Zielherzfrequenz nicht vor oder während des vierten Belastungsschritt erreicht wird.

1.2.2 Durchführung des Ausdauertests

Tab. 3 Rahmenbedingungen des Tests

Testform	WHO
Eingangsbelastung	30 Watt
Stufendauer	2 Minuten
Belastungssteigerung	15 Watt
Belastungsart	Submaximal
Trittfrequenz	60-80 U/min
Pulsobergrenze	140 S/min

Die Person beginnt, wie festgelegt, mit einer Belastung von 30 Watt. Nach dem Start jeder zweiten Minute wird die Belastung um 15 Watt gesteigert. Die Herzfrequenz wird nach jeder Minute gemessen und protokolliert, dies wird solange durchgeführt bis die Zielherzfrequenz von 140 S/min erreicht wird. Als Ergebnis wird die Wattleistung gewertet, welche zuletzt getreten wurde, als die Zielherzfrequenz erreicht wurde. Für den Fall, dass die Testperson die Zielherzfrequenz erreicht, bevor die Leistungsstufe beendet wird, muss die getretene Wattleistung prozentual gewertet werden. Nachfolgend ist der Testverlauf der Person dargestellt.

Tab. 4 Testverlauf

Zeit (Minuten)	Watt	Herzfrequenz 1	Herzfrequenz 2
0-2	30	83 S/min	85 S/min
2-4	45	89 S/min	92 S/min
4-6	60	96 S/min	102 S/min
6-8	75	107 S/min	112 S/min
8-10	90	119 S/min	124 S/min
10-12	105	129 S/min	133 S/min
12-14	120	137 S/min	140 S/min

Der Tabelle kann man entnehmen, dass sieben Belastungsstufen durchgeführt wurden. Am Ende dieser Belastungsstufen wurde die Zielherzfrequenz erreicht. Des Weiteren sieht man in der Tabelle, dass eine Gesamtwattleistung von 120 Watt erreicht wurde. Dies entspricht einer relativen Watt-Soll-Leistung von 1,6 Watt/kg Körpergewicht.

1.2.3 Bewertung der Testergebnisse

Vergleicht man die erreichten Werte mit den Normwerten, hat die Person mit einem Wert von 1,6 Watt/kg Körpergewicht, eine durchschnittliche Watt-Soll-Leistung erbracht. Denn die Normwerte für Frauen (IPN, 2004, S.8) liegt bei einer Watt-Soll-Leistung von 1,53-1,62 Watt/kg Körpergewicht. Somit ist die Ausdauerleistung auf durchschnittlich einzuschätzen. Anhand dieser Informationen kann man nun eine individuelle Trainingsempfehlung ableiten sowie die optimale Trainingsherzfrequenz der Person bestimmen.

1.3 Gesundheits- und Leistungsstatus der Person

Die Leistungsfähigkeit wird aufgrund des hochnormalen Blutdrucks der Person negativ beeinflusst. Der Ruhepuls liegt im normalen Bereich. Des Weiteren hat die Person keine orthopädischen oder internistischen Beschwerden. Ebenso liegen keine ärztlichen Behandlungen oder Medikamenteneinnahme vor. Aufgrund der Informationen über diese

Parameter, kann man davon ausgehen, dass die Person keinerlei Einschränkungen bezüglich des Ausdauertrainings haben wird. Diese Erkenntnisse, im Zusammenhang mit dem Ergebnis des Ausdauertests, welcher durchschnittlich ausfiel, führen zum Ergebnis, dass man die Dauermethode als optimale Trainingsart wählen würde. Die Intervallmethode wäre aufgrund der momentanen, nicht vorhanden sportlichen Aktivität noch zu anspruchsvoll und somit auch zu Beginn ungeeignet.

2 Zielsetzung/Prognose

Die aus dem im Eingangsgespräch festgestellten Trainingsmotive sowie die anderen Daten werden nun zur Zielsetzung genutzt. Mit den Parametern Inhalt, Ausmaß und Zeit werden die Ziele mit messbaren Werten definiert.

Tab. 5 Zielsetzung der Person

Inhalt	Ausmaß	Zeit
Senkung des Körpergewichts	- 6 kg Körpergewicht	4 Monate
Senkung des Ruhepuls	- 7 Schläge pro Minute	5 Monate
Senkung des Blutdrucks	- 6/3 mmHg	3 Monate

Die Person formulierte als Trainingsziel, dass sie wieder in die alten Hosen passen möchte, daher ist das erste Ziel die Körpergewichtssenkung. Die Senkung des Körpergewichts übt sich zudem positiv auf Gelenke aus, denn es liegt weniger Last darauf. Zudem führt sie zu einer Senkung des Risikos auf Herz-Kreislauf-Erkrankungen.

Das nächste Ziel, nicht so schnell ausgepowert zu sein, wird mit der Senkung des Ruhepulses aufgegriffen. Eine Senkung des Ruhepulses führt dazu, dass man ein höheres Schlagvolumen hat. Das Herz ist somit stärker und kann den Leistungsansprüchen des Alltags gerecht werden. Zudem unterstützt dies die Reduzierung des Körpergewichts.

Als letztes Trainingsziel wird die Senkung des Blutdrucks angestrebt. Da der Blutdruck der Person im hochnormalen Bereich liegt, was wiederum bedeutet, dass sie einem höheren Risiko auf Herz-Kreislauf-Erkrankungen ausgesetzt ist. Durch eine Senkung des Blutdrucks wird dieses Risiko gesenkt und zudem das Gefäßsystem entlastet.

3 Trainingsplanung Mesozyklus

3.1 Grobplanung Mesozyklus

Tab. 6 Grobplanung Mesozyklus

Dauer	6 Wochen
Trainingsziel	Aufbau Grundlagenausdauer 1 & 2 (GA)
Belastungsumfang pro Woche	120 Minuten – 220 Minuten
Trainingsmethoden	Extensive Dauermethode
	Variable Dauermethode
Trainingsintensität	60-75% Hfmax (extensiv)
	Pulsuntergrenze: 110 S/min, Pulsobergrenze: 138 S/min
	60-80% Hfmax (variabel)
	Pulsuntergrenze: 110 S/min, Pulsobergrenze:147 S/min
Trainingshäufigkeit	2-3-mal pro Woche
Dauer pro Trainingseinheit	40 – 90 Minuten (extensiv)
	35 – 50 Minuten (variabel)
Trainingsgeräte	Laufband, Crosstrainer

3.2 Detailplanung Mesozyklus

Tab. 7 Detailplanung Mesozyklus für 6 Wochen (Woche 1-3)

Woche 1	Montag	Donnerstag	/
Trainingsziel	GA 1	GA 1	
Trainingsmethode	Extensive DM	Extensive DM	
Trainingsintensität	60-75% Hfmax	60-75% Hfmax	
Herzfrequenz	110-138 S/min	110-138 S/min	
Trainingsdauer	45 Minuten	45 Minuten	
Trainingsgerät	Crosstrainer	Laufband	

Woche 2	Montag	Mittwoch	Freitag
Trainingsziel	GA 1	GA 1	GA 1
Trainingsmethode	Extensive DM	Variable DM	Extensive DM
Trainingsintensität	60-75% Hfmax	60-80% Hfmax	60-75% Hfmax
		60% extensiv	
		(jeweils 2x 7,5 Minuten)	
		80% intensiv	
		(jeweils 2x 7,5 Minuten)	
Herzfrequenz	129-138 S/min	110 S/min (extensiv)	110-138 S/min
		147 S/min (intensiv)	
Trainingsdauer	45 Minuten	45 Minuten	60 Minuten
Trainingsgerät	Laufband	Laufband	Crosstrainer

Woche 3	Montag	Donnerstag	Samstag
Trainingsziel	GA 1	GA 1	GA 1
Trainingsmethode	Extensive DM	Extensive DM	Extensive DM
Trainingsintensität	70-75% Hfmax	70-75% Hfmax	70-75% Hfmax
Herzfrequenz	129-138 S/min	129-138 S/min	129-138 S/min
Trainingsdauer	60 Minuten	75 Minuten	60 Minuten
Trainingsgerät	Laufband	Crosstrainer	Laufband

Tab. 8 Detailplanung Mesozyklus für 6 Wochen (Woche 4-6)

Woche 4	Montag	Mittwoch	Freitag
Trainingsziel	GA 1	GA 1 & 2	GA 1
Trainingsmethode	Extensive DM	Variable DM	Extensive DM
Trainingsintensität	70-75% Hfmax	70-80% Hfmax 70% extensiv (jeweils 2x 7,5 Minuten) 80% intensiv (jeweils 2x 7,5 Minuten)	70-75% Hfmax
Herzfrequenz	129-138 S/min	129 S/min (extensiv) 147 S/min (intensiv)	129-138 S/min
Trainingsdauer	70 Minuten	45 Minuten	80 Minuten
Trainingsgerät	Laufband	Laufband	Crosstrainer
Woche 5	Montag	Donnerstag	Samstag
Trainingsziel	GA 1	GA 1 & 2	GA 1
Trainingsmethode	Extensive DM	Extensive DM	Extensive DM
Trainingsintensität	70-75% Hfmax	70-75% Hfmax	70-75% Hfmax
Herzfrequenz	129-138 S/min	129-138 S/min	129-138 S/min
Trainingsdauer	60 Minuten	80 Minuten	75 Minuten
Trainingsgerät	Laufband	Crosstrainer	Laufband
Woche 6	Montag	Mittwoch	Freitag
Trainingsziel	GA 1	GA 1 & 2	GA 1
Trainingsmethode	Extensive DM	Variable DM	Extensive DM
Trainingsintensität	70-75% Hfmax	60-80% Hfmax 70% extensiv (jeweils 2x 7,5 Minuten) 80% intensiv (jeweils 2x 7,5 Minuten)	70-75% Hfmax
Herzfrequenz	129-138 S/min	129 S/min (extensiv) 147 S/min (intensiv)	129-138 S/min
Trainingsdauer	75 Minuten	45 Minuten	90 Minuten
Trainingsgerät	Laufband	Laufband	Crosstrainer

3.3 Begründung zum Mesozyklus

3.3.1 Begründung zum angestrebten wöchentlichen Belastungsumfang

Der Belastungsumfang der ersten vier Einheiten sollte auf 45 Minuten gesetzt werden, um der Person den Wiedereinstieg in den Sport zu erleichtern, da sie momentan keine sportlichen Aktivitäten vorweisen kann. Gleichzeitig dient es als Heranführung an den Ausdauersport. In den darauf folgenden Wochen wird der Trainingsumfang auf 135-220Minuten angehoben. Somit trainiert die Person, ab Woche 3 dauerhaft im optimalen Programm von 120-240 Minuten pro Woche für ihre Leistungsklasse (Zintl & Eisenhut, 2009). Aufgrund dessen, dass die Person früher regelmäßig große Ausdauerleistungen erbringen musste, sei es in Form von Handball oder im Schwimmen, sollte sie es schaffen die Leistungsfähigkeit schnell wiederzuerlangen. Der angestrebte Belastungsumfang hat als Ziel, durch die sukzessive Steigerung über die Wochen hinweg, dass die Person am

Ende des Programms 90 Minuten Einheiten durchführen kann und sich der Fettstoffwechsel verbessert. Durch die Zunahme der Belastungsdauer, steigt gleichzeitig der Fettsäureanteil der Energiebereitstellung (Holloszy et al., 1998, S.1011). Dies ist dem Ziel der Gewichtsreduzierung sehr zuträglich. Dies bedeutet, dass es unumgänglich ist, dass die Person Einheiten von 90 Minuten absolvieren muss, um auf lange Sicht einen guten Gewichtsverlust erreichen zu können. Zudem ist dies die maximale Zeit, die der Person als Belastungsdauer pro Einheit zur Verfügung steht, somit kann der Belastungsumfang pro Einheit nicht weiter erhöht werden.

3.3.2 Begründung der ausgewählten Trainingsmethoden

Aufgrund dessen, dass der Aufbau der Grundlagenausdauer 1 das Hauptziel für den Zyklus ist, wird größtenteils mit der extensiven Dauermethode gearbeitet. Für den Aufbau der Grundlagenausdauer 1 bietet diese die besten Ergebnisse (Hottenrott, 2006; Neumann et al., 2007). Die extensive Dauermethode hat zudem den positiven Nebeneffekt, die Herz-Kreislauf-Arbeit zu ökonomisieren und die Ruheherzfrequenz zu senken (Zintl & Eisenhut 2001). Um einen guten Übergang zwischen der extensiven und der intensiven Dauermethode zu schaffen, wurde die variable Dauermethode, welche eine Mischform der beiden Methoden bildet, ausgewählt. Sie wird eingesetzt, um die Nutzung der Energiebereitstellung zwischen anaerob und aerob zu trainieren (Hottenrott, 2006; Neumann et al., 2007, S.141). Um in den zukünftigen Zyklen auch mit der intensiven Dauermethode trainieren zu können, dient die variable Dauermethode als Heranführung an den intensiven Bereich.

3.3.3 Begründung zur Belastungsprogression

Der Grundsatz, Häufigkeit vor Umfang vor Intensität, liegt dem gesamten Zyklus zu Grunde, weshalb auch in der ersten Woche mit nur zwei Trainingseinheiten gestartet wird, was, wie bereits erwähnt, dem besseren Einstieg in den Zyklus dient. In dieser Woche trainiert die Person mit einer Trainingsdauer von 45 min und auch nur mit geringer Trainingsintensität von 60-75% der Hf_{max}, bereits minimal über der Mindestreizschwelle, welche einen trainingswirksamen Reit setzt. Diese Mindestreizschwelle liegt bei normal leistungsfähigen Personen bei 60-65% der Hf_{max} (ACSM, 2006b). Ab der zweiten Woche wird eine dritte Einheit hinzugefügt. Zunächst einmal mit 60 min, um die Häufigkeit zu erhöhen. Durch die längere Trainingsdauer soll die Person langsam auf ein Fettstoffwechseltraining gebracht werden, die Trainingsintensität wird in der zweiten Woche noch nicht

erhöht. Zudem wird ab der zweiten Woche eine variable Dauermethodeneinheit einge-
führt, diese wiederholt sich jede zweite Woche, in diesem Zyklus, um die Progression
voranzutreiben. Die Person arbeitet bei der variablen Dauermethode mit 60-80% Hf_{max}
und somit mit einer höheren Intensität als bei der extensiven Dauermethode. Die Trainingsintensität der extensiven Dauermethode wird ab der dritten Woche auf 70-75% der
Hf_{max} erhöht und bei der variablen Dauermethode auf 70-80% der Hf_{max}. Die Trainingsdauer wird über den Zyklus hinweg bei den Einheiten für GA1 sukzessive nach oben
geschraubt, somit hat die Person am Ende eine 90 min Einheit. In Woche drei und fünf
wird die variable Dauermethodeneinheit durch eine extensive Dauermethode ersetzt, um
so ein Übertraining zu vermeiden. Ab Woche vier verändert sich nur noch die Trainingsdauer, um die Person auf eine dauerhafte Einheit mit 90 min, was auch dem maximalen
Verfügungsrahmen entspricht, vorzubereiten. Die variable Dauermethode wird genutzt,
um die Person an die intensive Dauermethode heranzuführen.

3.3.4   Begründung zu den angesteuerten Trainingsbereichen

Um wieder gut einsteigen zu können, trainiert die Person hauptsächlich im GA 1 Bereich.
Die Intensität von 60-75% der Hf_{max} dürfte im Bereich GA 1 ideal sein und zusätzlich ist
sie aufgrund der momentanen nicht vorhandenen sportlichen Aktivität der Person gut geeignet. Ziel ist es, dass die Person die aerobe Schwelle trainiert. Damit die Belastungsin-
tensität beim Fettstoffwechsel geeignet ist, sollten die Laktatwerte bei ca. 2 mmol/l liegen
(Giesen et al., 1999, S.62; Hottenrott; 2006). Im späteren Verlauf des Zyklus, wird der
GA 1 Bereich ausschließlich als Fettstoffwechsel Training genutzt, denn aufgrund der
zunehmenden Belastungsdauer steigt der Fettsäureanteil innerhalb der Energiebereitstellung stetig an (Holloszy et al., 1998, S.1011). Das Fettstoffwechsel-Training unterstützt
zudem den Wunsch nach Körpergewichtssenkung der Person. Ab der zweiten Woche
trainiert die Person zudem im Rahmen der variablen Dauermethode im GA2 Bereich, in
welchem man höhere Laktatwerte vorfindet. In diesem Bereich findet man Laktatwerte
von 3-6 mmol/l (Neumann et al., 2007, S.132). Das Ziel hiervon ist, dass die Person eine
höhere Laktattoleranz aufbaut, wodurch die Person auch mit höheren Belastungsintensi-
täten aerob arbeiten kann. Um eine Abwechslung zum langen GA 1 Training zu schaffen,
sollten die Einheiten im GA 2 Bereich zwischen 20 und 60 Minuten andauern (Hottenrott,
1997).

3.3.5 Begründung der ausgewählten Ausdauergeräte

Die Person besitzt einen hochnormalen Blutdruck, weshalb man von Ausdauergeräten absieht, die eine hohe Herz-Druck-Arbeit verlangen. Aufgrund dessen wurde das Laufband und der Crosstrainer ausgewählt. Dadurch, dass die Person, aufgrund ihres Jobs in ihrem Alltag viel sitzt, wurden Geräte ausgewählt, auf denen sie eine aufrechte Körperhaltung einnehmen muss. Als priorisiertes Ausdauergerät wurde das Laufband ausgewählt, da man dort den höchsten Kalorienumsatz erreicht (Reim, 2001). Um den Einstieg leichter zu machen, wurde der Crosstrainer ergänzend dazu gewählt. Des Weiteren bietet er eine sinnvolle Ergänzung, gerade am Anfang des Zyklus, wenn es der Person noch schwer fällt jede Einheit mit dem Laufband zu absolvieren. Zudem soll damit verhindert werden, dass die Person in ein Übertraining gelangt. Der erhöhte Kalorienumsatz, beim Laufband, unterstützt zudem den Wunsch nach Körpergewichtsreduzierung. Aufgrund dessen, dass die Person weder orthopädische noch internistische Beschwerden aufweist, bedarf es keiner weiteren Einschränkung bei den Ausdauergeräten.

4 Literaturrecherche

Bei der Literaturrecherche fiel die Wahl auf das Thema: „Effekte des Ausdauertrainings bei Übergewicht/Adipositas"

Tab. 9 Studie Nr.1 zum Thema: "Effekte von Ausdauertraining bei Übergewicht/Adipositas"

Wer hat die Studie durchgeführt?	Ara Royo, I.; Casajús, JA.; Díez-Sánchez, C.; Martínez-Redondo, D.; Moreno, LA.; Perez-Gomez, J.; Puzo Foncillas, J.; Vicente-Rodríguez, G.
In welchem Jahr wurde die Studie publiziert?	2013
Welche Forschungsfrage wurde untersucht?	Wie wirkt sich Ausdauer- und Widerstandstraining auf die regionale Fettmasse und das Lipidprofil aus?
Mit welchen Versuchspersonen wurde die Studie durchgeführt?	26 jungen Männern (Alter 22,5 ± 1,9 Jahre)
Wie sah der Versuchsaufbau der Studie aus?	Zuerst wurde die Körperzusammensetzung, Taillenumfang und Lipidprofil der Testpersonen analysiert. Die 26 Probanden wurden in drei Gruppen eingeteilt, in eine Ausdauergruppe (EG), eine Wiederstandgruppe (RG) und eine Kontrollgruppe (CG). Bei der EG verringert sich nach dem Training das Körpergewicht, der Body-Mass-Index, das Gesamtkörperfett und der prozentuale Fettanteil sowie der prozentuale Fettanteil am Rumpf und in der Bauchregion. Zudem verringert

	sich das High-Density und Low-Density Lipoprotein. Die RG erhöhte hingegen die Gesamtmagermasse und verringerte das Gesamtcholesterin, High-Density und Low-Density Lipoprotein. Man erkennt Zusammenhänge zwischen der Veränderung der Gesamtmagermasse, der regionalen Fettmasse, des Taillenumfangs und der Veränderung des Lipidprofils.
Welche relevanten Ergebnisse und Schlussfolgerungen liefert die Studie?	Die Studie kam zu dem Schluss, dass das Bauch- und Körperfett sich mit einem 10-wöchigen-Ausdauertraining bei jungen Männern verringert. Ein 10-wöchiges-Krafttraining hingegen erhöht die gesamte fettfreie Masse, zudem wurde festgestellt, dass die Trainingsarten Einfluss auf das Lipidprofil haben, welches bis zu einem gewissen Punkt auch mit der Veränderung der Körperzusammensetzung verbunden sein könnte. Man kann also davon ausgehen, dass sich das Ausdauertraining positiv auswirkt und Personen die adipös sind Ausdauertraining für ihre Gesundheit betreiben sollten.

Tab. 10 Studie Nr.2 zum Thema: "Effekte von Ausdauertraining bei Übergewicht/Adipositas"

Wer hat die Studie durchgeführt?	Abbie E. Smith Ryan; Hailee L. Wingfield; Malia N. Melvin
In welchem Jahr wurde die Studie publiziert?	2015
Welche Forschungsfrage wurde untersucht?	Wie wirkt sich das Modellieren der Intervalldauer bei übergewichtigen/adipösen Männern aus?
Mit welchen Versuchspersonen wurde die Studie durchgeführt?	25 Männer mit einem Body-Mass-Index (BMI) > 25 kg
Wie sah der Versuchsaufbau der Studie aus?	Die Probanden haben eine Baseline-Messung der Körperzusammensetzung: Fettmasse (FM), Magermasse (LM) und prozentuales Körperfett (%BF) sowie Nüchtern-Blutglukose, Lipide und Insulin (IN) absolviert. Um die Leistungsabgabe (PO) und den maximalen Sauerstoffverbrauch (VO2peak) herauszufinden, wurde ein abgestufter Belastungstest auf den Fahrradergometer durchgeführt. Mit Hilfe des Zufallsprinzips wurden die 25 Männer in drei Gruppen eingeteilt. In eine hochintensive Kurzintervall- (1min-HIIT), eine hochintensive Intervall- (2min-HIIT) und in eine Kontrollgruppe. Die hochintensive Kurzintervallgruppe hat 3 Wochen lang an 3 Tagen ein Rad-Intervalltraining, welches aus 10x1-minütigen Einheiten bei 90% PO und einer 1-minütigen Pause absolviert. Die hochintensive Intervallgruppe (2min-HIIT) hat 3 Wochen lang, an 3 Tagen die Woche ein Rad-Intervalltraining, bei 5x2-minütigen Einheiten mit 1-minütiger Pause bei einer wellenförmigen Intensität von 80-100% absolviert.

Welche relevanten Ergebnisse und Schluss-folgerungen liefert die Studie?	Es wurde festgestellt, dass HIIT eine effektive Kurzzeitstrategie sein kann, um eine Verbesserung der kardiorespiratorischen Fitness und der IN-Sensitivität bei übergewichtigen Männern zu erreichen.

5 Literaturverzeichnis

American College of Sports Medicine. (2006b). *Guide-lines for exercise testing and prescription* (5 Aufl.). Philadelphia: Lippincott Williams & Wilkins.

Abbie E. Smith Ryan; Hailee L. Wingfield; Malia N. Melvin. (2015). High-intensity interval training: Modulating interval duration in overweight/obese men. *The Physician and Sportsmedicine.* Zugriff am 28.01.2020. Verfügbar unter https://pubmed.ncbi.nlm.nih.gov/25913937/

Ara Royo, I.; Casajús, JA.; Díez-Sánchez, C.; Martínez-Redondo, D.; Moreno, LA.; Perez-Gomez, J.; Puzo Foncillas, J.; Vicente-Rodríguez, G. (2013). Effect of endurance and resistance training on regional fat mass and lipid profile. *Nutrición Hospitalaria.* Zugegriffen am 28.01.2020. Verfügbar unter https://pubmed.ncbi.nlm.nih.gov/23822684/

Giesen, H. T., Klee. D. & Mader, A. (1999). Die maximale Fettverbrennung liegt bei ambitionierten Ausdauersportlern bei einer Intensität langsamer Regenerationsläufe. *Deutsche Zeitschrift für Sportmedizin,* 50, 61.

Holloszy, J. O., Kohrt, W. M. & Hansen, P. A. (1998). The regulation of carbohydrate and fat metabolism during and after exercise. *Frontiers in Bioscience, 3* (15), 1011-1027.

Hottenrott, K. (1997). *Ausdauertraining. Intelligent effektiv erfolgreich* (4. Aufl.). Lüneburg: Wehdemeier & Pusch.

Hottenrott, K. (2006). *Trainingskontrolle mit Herzfrequenz-Messgeräten* (1. Aufl.). Aachen: Meyer & Meyer.

IPN. (2004). *IPN-Test®-Ausdauertest für den Fitness- und Gesundheitssport.* Köln: IPN.

Mancia, G., Fagard, R., Narkiewicz, K., Redon, J., Zanchetti, A., Böhm, M., et al. (2013). 2013 ESH/ESC Guidelines for the management of arterial hypertension. The task force for the management of arterial hypertension of the European Society of Hypertension (ESH) and of the European Society of Cardiology (ESC). *Journal of Hypertension, 31* (7), 1286.

Neumann, G., Pfützner, A. & Berbalk, A. (2007). *Optimiertes Ausdauertraining* (5., überarb. Aufl.). Aachen: Meyer & Meyer.

Reim, F. (2001). *Kardiopulmonale, metabolische und subjektive Beanspruchung beim ge-sundheitsorientierten Ausdauertraining an unterschiedlichen Indoor-Cardiogeräten* (Berichte aus der Sportwissenschaft). Zugl.: Bayreuth, Univ., Diss., 2001. Aachen: Shaker.

Weineck, J. (2003). *Ausdauertraining. Trainingssteuerung über die Herzfrequenz- und Milchsäurebestimmung.* Balingen: Spitta.

Zintl, F., & Eisenhut, A. (2001). *Ausdauertraining. Grundlagen Methoden Trainingssteuerung* (5. überarb. Aufl.). München: BLV.

Zintl, F., & Eisenhut, A. (2009). *Ausdauertraining.* München: BLV Buchverlag GmbH & CO. KG.

6   Abbildungs- und Tabellenverzeichnis

6.1   Tabellenverzeichnis

BEI GRIN MACHT SICH IHR WISSEN BEZAHLT

- Wir veröffentlichen Ihre Hausarbeit,
  Bachelor- und Masterarbeit

- Ihr eigenes eBook und Buch -
  weltweit in allen wichtigen Shops

- Verdienen Sie an jedem Verkauf

Jetzt bei www.GRIN.com hochladen
und kostenlos publizieren